LES TROIS FANCHON,

OU

CELA NE FINIRA PAS;

FOLIE-VAUDEVILLE

EN UN ACTE,

MÈLÉE DE DANSES;

Par MM. Bonel et Jore fils.

A PARIS,

Chez Barba, Libraire, Palais du Tribunat, galerie du Théâtre Français de la République, n°. 51.

AN XI. (1803.)

PERSONNAGES.	*ACTEURS.*
LABLACHE, tailleur, oncle de Fanchon.	M. *Pasch.* J.
FANCHON.	Mlle *Jul. Parizet.*
AGATHE, fille de Lablache.	Mme *Chabert.*
CHARLES, amant aimé d'Agathe.	M. *Cazot.*
KILOMÈTRE, receveur du droit de passe, rival de Charles.	M. *Duménis.*
Troupe de Savoyards et Savoyardes.	

La scène se passe dans les montagnes de la Savoie.

LES
TROIS FANCHON,
OU
CELA NE FINIRA PAS.

Le théâtre représente, à gauche, la maison du père Lablache, tailleur ; le reste du théâtre repré- sente une campagne : dans le fond une monta- gne.

SCENE PREMIÈRE.
AGATHE, CHARLES.

CHARLES.

Comment, pas encore de nouvelles ?

AGATHE.

Aucunes. Ma cousine ne nous a point écrit depuis trois mois. Kilomètre, toujours protégé par mon père, profite du silence de Fanchon, pour m'obséder de son amour.

CHARLES.

Et sans doute pour avancer le jour de votre mariage. Mais d'où vient la haîne de ton père pour moi, et sa prédilection pour Kilomètre ?

AGATHE.

Tu n'as rien, et Kilomètre est receveur du droit de passe. Mais je t'aime et le hais : l'avantage est de ton côté. D'ail- leurs, comme je l'ai cent fois répété à mon père...

Air : *Aimé de la belle Ninon.*

Avec homme d'un tel état,
Lorsque l'on se trouve engagée,
Dans les ennuis du célibat,
Sans cesse l'on reste plongée.

Par devoir , il est loin de nous
La nuit et la journée entière.

CHARLES.

Je plains la femme dont l'époux,
Reste toujours à la barrière.

AGATHE.

Ta qualité d'auteur lui déplaît ; ton séjour dans nos montagnes l'étonne. Pourquoi, me demande-t-il tous les jours, puisque Charles a de l'esprit , ne va-t-il pas à Paris ? c'est dans ce pays où il trouverait le débit de sa marchandise.

CHARLES.

Ton père se trompe.

Air : *du Petit Matelot.*

L'esprit est une marchandise
Dont ont s'enrichit par hasard :
On est plusieurs dans l'entreprise ,
Et beaucoup empruntent leur part.   *bis.*
Mais il est un moyen unique ,
Pour éviter tout différend;
Nos aïeux ont une fabrique
Où se fournit plus d'un vivant.   *bis.*

Ainsi donc , ma chère Agathe , il me faut renoncer à ta main !

AGATHE.

Tout espoir n'est pas perdu. Ma cousine , en envoyant à mon père les 3o,ooo francs pour ma dot , s'est réservé le droit de disposer de ma main ; tout Paris sait qu'elle est humaine : pourra-t-elle résister à nos prières , à tes bonnes qualités ?

CHARLES.

Oui , mais les trois mois qu'elle a fixés sont révolus. Demain , ton père est dégagé de sa parole , et rentre dans tous ses droits. J'ai écrit à Fanchon , et lui ai fait part de notre amour : j'attends à tout moment sa réponse... mais les momens sont précieux , je vais... Chut ! voici ton père.

SCENE II.

LES PRÉCÉDENS, LABLACHE.

LABLACHE.

Toujours ensemble , malgré mes défenses ! *quo usque tandem.* M. Charles , me contrarirez-vous ?

CHARLES.

M Lablache !

LABLACHE.

Il n'y a point de Lablache qui tienne ; et puisque vous m'y forcez , je vous défends de reparaître en ces lieux.

AGATHE.

Mon père !....

LABLACHE.

Paix, mademoisélle , *tace*. Non, mais donnez donc, mademoiselle , à ce beau monsieur ! il a de l'esprit , c'est très-bien ; mais de l'argent : *nihil*. Je n'y consentirai jamais , foi de Lablache !

AGATHE.

Nous économiserons , mon père. D'ailleurs , vous venez de le dire : Charles a de l'esprit ; et bien ! il fera des ouvrages.

LABLACHE.

Qu'on n'achètera pas. L'homme de génie malheureux n'inspire aucune considération ; il faut un nom et de l'impudence, pour réussir dans la carrière lettrée : *audaces fortuna juvet*.

CHARLES.

Juvat , si cela vous est égal.

LABLACHE.

Juvet ou *juvat*, je n'y regarde pas de si près. Croyez-vous donc que j'ai tété pour rien tailleur en chef de l'Aténée de Chamb éry

CHARLES.

On s'en apperçoit à votre éloquence.

LABLACHE.

Sans doute, quand on m'entend parler latin : oh ! j'ai de la mémoire.

CHARLES.

Avant d'apprendre ou de retenir quelqués mots d'une langue étrangère ; il faudrait, ce me semble , commencer par savoir la sienne.

LABLACHE.

Je présume que M. Charles n'a pas t'u l'intention de m'épigrammer. On sait que je suis ferré, et à cheval sur la langue de ma patrie. Non, mais c'est que messieurs les gens d'esprit sacrifient souvent leur meilleur ami au plaisir de dire un bon mot.

CHARLES.

Je méprise trop ce genre , pour m'en servir jamais.

Air : *de la Clef forée.*

Je sens qu'il n'est pas généreux ,
Quand on connaît son avantage ,
De vouloir , par un mot heureux ,
A l'amitié faire un outrage.
Un bon mot vous met en crédit ;
Mais , de vous , chacun se méfie :
Il vaut mieux montrer moins d'esprit, } *bis.*
Et prouver plus de modestie...

LABLACHE.

Credo ; mais *satis.*

AGATHE.

Plaît-il , mon père ?

LABLACHE.

C'est assez... si monsieur veut me permettre de rester seul
avec ma fille , il m'obligera irrévocablement : j'ai quelques
ordres à donner , qui ne réclament nullement la présence
d'un tiers.

CHARLES.

Je me retire , M. Lablache , vivement affecté de vos dé-
dains , dussiez-vous un jour me rendre plus de justice.

LABLACHE.

Eh ! mon cher , indubitablement ; qu'à cela ne tienne ; je
suis convaincu de vos mérites ; j'ai toujours estimé les gens
à talent ; et , sous ce rapport , vous me convenez beaucoup
plus qu'un autre. Je connais le proverbe , que je vais vous
réduire en français , pour vous le rendre intellectuel. *Qui se
ressemble , s'assemble : azinus , azinum , fricasse.* Je vous
salue.

AGATHE , *à Charles à part.*

Au revoir.

CHARLES , *de même.*

Adieu ; je reviendrai bientôt.

SCENE III.

LES PRÉCÉDENS , excepté CHARLES.

LABLACHE.

Maintenant que nous sommes seuls en tête-à-tête , mademoiselle Lablache veut-elle bien écouter la voix patrimoniale d'un père sensible ?

A G A T H E.

Il le faut bien.

L A B L A C H E.

Un père est un ami donné par la nature : *ergo !* il faut suivre en tout ses avis. A notre aise, par les bienfaits de notre cousine, de ma chère Fanchon, nous devons correspondre à ses desirs. Vous savez qu'après vous avoir fait élever à Chambéry, elle m'envoya, il y a à-peu-près trois mois, 3o,ooo francs pour votre dot ; elle nous annonçait son arrivée prochaine ; elle voulait, disait-elle, être présente à votre *conjongo* ; elle n'arrive pas ; cela m'inquiète : mais, n'importe ; comme elle doit z'arriver d'un moment z'à l'autre, tenez-vous prête à marcher z'à la paroisse, où votre cousin Kilomètre recevra votre foi. Demain, vous le savez, je puis exercer envers vous tous les droits de la paternité, puisque Fanchon elle-même a fixé irrévocablement le terme de trois mois, pour vous choisir un époux.

A G A T H E.

Hélas !

L A B L A C H E.

Point *d'acclamation ;* obéissez, et allez préalablement à la poste chercher mon courier ; peut-être aurons nous des nouvelles de Fanchon.

S C E N E I V.

L A B L A C H E, *seul.*

Le silence de ma nièce m'étonne ; il me tarde pourtant qu'elle arrive !... une jeune fille à garder, cest le diable !

Air : *A mon époux je fis serment.*

A Fanchon, j'ai souvent écrit,
Pour lui confier mon Agathe ;
Mais ma nièce, a beaucoup d'esprit,
Joint une ame très-délicate.
Or, elle a su m'en éloigner,
Et j'en devine bien les causes :
A Paris, fille peut gagner ;
Mais il faut risquer trop de choses. *bis.*

Mais , Kilomètre n'arrive pas. .. Eh mais ! je ne me
trompe point ; c'est lui ! bon Dieu ! quelle figure !

SCENE V.
KILOMÈTRE, LABLACHE.

KILOMÈTRE, *tragiquement.*

Pleurez, père Lablache ! pleurez , fondez-vous en eau !

LABLACHE.

Qu'est-ce qu'il vient nous chanter là ? *non intelligo ?*

KILOMÈTRE.

Hélas ! tirez votre mouchoir, et faites comme moi : hélas !

LABLACHE.

Allons , il est fou !

KILOMÈTRE.

Oncle malheureux ! parent infortuné ! Lablache, vieillard
trop à plaindre , vous avez trop vécu !

LABLACHE.

Non , de par tout les diables ; mais explique-toi donc ,
car je ne te comprends pas.

KILOMÈTRE.

Je vais parler : votre Fanchon , ma cousine, votre nièce...

LABLACHE.

Eh bien ?

KILOMÈTRE.

Fini !

LABLACHE.

Fini !

KILOMÈTRE.

Fini ! écoutez ce que l'on m'écrit de Paris.

Air : *Vaudeville du Billet de Logement.*

Fanchon , riche au Vaudeville,
Et de gloire et de santé,
Le quitte , et courant la ville,
Son nom , par-tout fut cité,
En courant, on est on butte
A plus d'un fâcheux hasard ;
Elle est morte d'une chûte,
Qu'elle a faite au boulevard. } *bis.*

LABLACHE.

O tempora ! ô mores ! Fanchon est morte !

KILOMÈTRE.

Morte !

LABLACHE.

Mais, je réfléchis : on ne meurt pas d'une chûte.

KILOMÈTRE.

Non ; c'est le thélégraphe !

Air : *J'ai vu par tout dans mes voyages.*

> Puisque vous êtes incrédule,
> Je le vois bien en ce moment,
> Pour ne pas être ridicule ,
> Il faut prouver l'évènement ;
> J'en ai des preuves très-certaines ,
> Car, le journal dit, ce matin ,
> Qu'elle est, depuis plusieurs semaines,⎰
> Enterrée au quartier d'Antin.   ⎱ *bis.*

LABLACHE.

Propos de journaliste ! tu sais que plusieurs de ces messieurs vous tuent un homme comme ils le font vivre.

KILOMÈTRE.

Mais, écoutez donc tous les renseignemens que j'ai pris ; il paraît que votre nièce, peu satisfaite d'une table bourgoise, a choisi dans tous les genres de services : en un mot , la friandise l'a tuée.

Air : *Il faut quitter ce que j'adore.*

> La nourriture sobre et saine ,
> Contribue à notre santé ,
> Table trop recherchée entraîne,
> Au recours de la faculté ;
> Car, remarquez , je vous en prie ,
> Que Fanchon n'eut jamais failli,
> Si Fanchon ne se fût nourrie ,
> Que de *Pain* et que de *Bouilli.* *bis.*

LABLACHE.

A la bonne heure , quand le *Pain* est frais , et que le *Bouilli* n'est pas réchauffé... mais, ça n'y fait rien : tu la crois morte ?

KILOMÈTRE.

Aussi vrai qu'il est tombé des pierres de la lune.

Les 3 Fanchon.   B

LABLACHE.

Tu donnes des preuves célestes ; mais ce ne sont peut-être que des propos en l'air.

KILOMÈTRE.

Morte, on non, j'ai votre parole. Votre fille , et les 30,000 francs sont à moi ; demain , midi, vous êtes libre , après demain la noce.

LABLACHE.

Après-demain ! quand les torches funéraires fument peut-être z'encore !... Après-demain , les flambeaux nuptiales se-raient z'allumés !... après-demain! non , Kilomètre, tu n'y penses pas... après-demain est un terme trop court pour pleurer son trépas !

KILOMÈTRE.

Ah ! mon dieu ! est-ce que vous avez assisté à la dernière pantomime que l'on a jouée ici ?

LABLACHE.

Pourquoi ?

KILOMÈTRE.

C'est que vous parlez comme un mélodrame.

SCENE VI.
LES PRÉCÉDENS, AGATHE.

AGATHE, *accourant.*

Mon père , mon père , bonne nouvelle !

LABLACHE.

Ah ça ! est-ce qu'ils sont tous fous ? qu'est-ce ?

AGATHE.

Une lettre de ma cousine.

LABLACHE.

De Fanchon !

KILOMÈTRE.

C'est son testament !

AGATHE.

Faut-il la décacheter , mon père ?

LABLACHE.

Sans doute, mon enfant , et bien vîte encore !

AGATHE, *lisant.*

« Mon oncle , de nombreuses affaires , divers embarras ,

» m'ont empêché jusqu'à ce jour de me rendre près de vous ;
» mais je pars aujourd'hui même de Paris : je suivrai de
» près cette lettre ; cependant je compte rester quelques
» jours à Chambéry. Je me rendrai seule dans nos monta-
» gnes. Adieu, j'espère que nous serons d'accord pour le
» bonheur de notre petite Agathe. Je vous embrasse.

» FANCHON. »

LABLACHE, *à Kilomètre.*

Qu'est-ce que tu es donc venu nous compter ?

KILOMÈTRE.

Ma foi, je n'y conçois plus rien.

AGATHE.

Mais, ce que je conçois bien, moi, c'est que M. Kilomètre, mon cher cousin, le receveur du droit de passe, ne
sera jamais mon époux.

KILOMÈTRE.

Et pourquoi cela, je vous prie ?

AGATHE.

Air : *d'Hyppolite.*

Vous le savez, depuis long-tems,
A vous souffrir l'on m'a contrainte :
Tenez, vivons en bons parens ;
Car, je vous l'avouerai sans feinte,
Ma cousine veut mon bonheur,
Et, quoique l'on dise ou qu'on fasse,
Vous n'aurez jamais sur mon cœur, } *bis.*
D'autre droit que le droit de passe. }

KILOMÈTRE.

Vous ne dites rien à cela, père Lablache ?

LABLACHE.

J'ai donné ma parole. Si Fanchon arrive demain avant
midi, ton sort dépendra d'elle.

KILOMÈTRE.

Oui ; mais quand l'airain aura fait douze fois retentir les
airs de ses sons lugubres, si Fanchon n'est pas arrivée ?...

LABLACHE.

Alors comme alors.

KILOMÈTRE.

Comment, alors comme alors ?

LABLACHE.

Je vais rentrer avec Agathe , pour tout préparer pour l'arrivée de Fanchon. Toi , Kilomètre , retourne à ton poste ,
et rappelle-toi que quand j'ai promis : *ne varietur !*

SCENE VII.

KILOMÈTRE, *seul.*

Ne varietur ! que veut-il dire , avec son baragouin ?... je
ne suis pas tranquille ! il balance , je le vois. Il n'y a pas de
doute que si Fanchon arrive avant que le contrat ne soit
signé , les 30,000 francs sont perdus pour moi !

Air : *N'en demandez pas davantage.*

Agathe a beaucoup d'agrémens ,
Sans doute , elle est faite pour plaire :
Oui , mais les trente mille francs,
Me la rendent encore plus chère.
Or , j'avoue ici ,
Que je l'aime aussi ,
Trente mille fois davantage.   *bis.*

Si je pouvais , par quelque moyen , décider Lablache à
m'accorder la main d'Agathe ?... quelle trait de lumière !...
Oui , j'ai mon affaire !... Mais j'apperçois mon rival : ca-
chons-nous , et épions ses démarches.

SCENE VIII.

KILOMÈTRE, CHARLES.

CHARLES.

J'ai promis à Agathe de venir la joindre ici : elle ne s'at-
tend pas à l'heureuse nouvelle que je lui apporte.

KILOMÈTRE, *à part.*

Quelle est cette nouvelle ; écoutons.

CHARLES.

Appellons-là ; Agathe ? Agathe?

AGATHE, *à la fenêtre.*

C'est toi ! j'ai de bien mauvaises nouvelles à t'apprendre.

CHARLES.

Moi , je t'en apporte de bien bonnes.

(13)

AGATHE.

Tant mieux !

KILOMÈTRE, *à part.*

Tant pis !

CHARLES.

J'ai reçu une lettre de ta cousine : elle approuve notre amour, et m'annonce son arrivée.

KILOMÈTRE, *à part.*

Je l'avais prévu !

AGATHE.

Oui ; mais si elle n'arrive pas dans les vingt-quatre heures, nous sommes perdus ! car je tremble que mon père ne tienne la parole qu'il a donné à Kilomètre.

CHARLES.

Sois tranquille ; j'espère avoir trouvé le moyen d'empêcher ton père de rien terminer avant l'arrivée de Fanchon. Ainsi donc, ne t'étonne de rien, quoiqu'il arrive. La prudence m'empêche d'en dire davantage. J'entends du bruit ; retire-toi ; adieu : amour et courage !

KILOMÈTRE, *à part.*

Allons, il est écrit que je ne saurai rien. Heureusement qu'on n'est pas bête, et qu'on a son projet !

SCENE IX.

KILOMÈTRE, CHARLES.

KILOMÈTRE, *se montrant.*

Bravo ! M. Charles, bravo !... pourquoi n'entrez-vous pas ?

CHARLES, *à part.*

Kilomètre, j'ai bien fait de ne rien dire, sans quoi nous étions perdu !

KILOMÈTRE.

Eh bien, quoi ! des cérémonies ! vous connaissez le père Lablache.

Air : *Un jour Guillot.*

Il reçoit bonne compagnie,
Chez lui l'on rit, on danse, on boit,
Il est vrai qu'il a la manie
De choisir les gens qu'il reçoit.

De me voir, son ame est charmée; *bis.*
Mais, comme il redoute l'ennui ,
Aux sots, il tient porte fermée.

CHARLES.

Par où donc entrez-vous chez lui ? *bis.*

KILOMÈTRE.

Je crois que vous m'insultez ?

CHARLES.

Vous ne vous trompez pas.

KILOMÈTRE, *à part.*

Je suis fâché de l'avoir abordé. (*Haut.*) Savez-vous ,
monsieur, que je me bats, quand on m'insulte ?

CHARLES.

Je le desire.

KILOMÈTRE.

C'est fort heureux !... puisque monsieur le desire , il faut
bien prendre un parti.

CHARLES.

Le plus sage que vous ayez à prendre , est de renoncer à la
main d'Agathe ; sinon, j'aurai votre vie , ou vous aurez la
mienne.

KILOMÈTRE.

Je sens tout le prix d'un pareil cadeau ; mais je n'en suis
pas désireux ; car, pour le moment , je ne suis pas disposé
à vous faire pareil sacrifice : et puis , d'ailleurs...

Air : *du Panorama.*

Votre état ne s'accorde guère
Avec celui de spadassin :
On sait qu'un auteur, en colère,
Ne se bat que la plume en main.   *bis.*

CHARLES.

De ce doute, je vais, je pense,
Mon cher monsieur vous corriger ;
Car, si je sais peindre une offense, } *bis.*
Je sais encore mieux la venger.

KILOMÈTRE.

Je ne dis pas non.

CHARLES.

Je le vois , vous êtes un lâche.

KILOMÈTRE.

Monsieur !

CHARLES.

Un faquin, à qui je veux couper les deux oreilles.

KILOMÈTRE.

Monsieur !

SCENE X.

LES PRÉCÉDENS, LABLACHE.

LABLACHE.

Que se passe-t-il donc ici, messieurs ? ne pourriez-vous pas aller vous expliquer *extra muros ?*... Eh ! si je ne me trompe, c'est Kilomètre et M. Charles !

KILOMETRE.

Oui, monsieur ; M. Charles lui-même, lequel me défend de penser à l'objet de ma tendresse. Vous avez bien fait d'arriver, car je m'échauffais. Habillez-le, puisque vous m'avez privé de ce plaisir-là : je vais à mes affaires. (*à part.*) Allons exécuter mon plan. (*haut.*) Non, c'est qu'il ne faut pas me dire deux fois la même chose : on a sa botte secrette ; on sait rompre de plus d'une semelle. (*il sort.*)

SCENE XI.

LABLACHE, CHARLES.

LABLACHE.

Vous conviendrez, M. Charles, que votre conduite est inconcevable ! quel est votre but ? non contant d'aspirer, malgré moi, z'a la main de mon enfant, vous venez, à ma barbe et à mon nez, provoquer l'objet que je lui destine !

CHARLES.

Ne voyez dans cette affaire qu'une nouvelle preuve de mon amour pour votre aimable fille.

LABLACHE.

Concedo ; mais, je vous l'ai déja dit : vous n'avez rien.

CHARLES.

J'ai mon talent.

LABLACHE.

Belle ressource ! faire des Vaudevilles, et sur-tout dans ce pays ! encore, si vous faisiez quelques pièces comme j'en ai vu à Chambéry ; des pièces où l'on se tue , où l'on danse , où l'on chante , où l'on pleure ; mais , bernique ! Dans vos pièces , vous louez les uns , vous critiquez les autres : tenez , profitez de cet avis , que j'ai z'entendu donner à z'un de vos confrères , par une de mes pratiques , qui était un malin.

Air : *La foi que vous m'avez promise.*

Donnez-nous une comédie ,
Cela seul prouve du talent :
Vos bluettes sont sans génie ,
Leur succès dépend du moment.
Faites un opéra-comique ,
Sans suivre maint auteur nouveau ,
Dont la pièce est à la musique ,
Ce que la toile est au tableau.

CHARLES.

Monsieur !

LABLACHE.

Il n'y a pas de réponse à cela. Ensuite , si j'avais la faiblesse de vous donner ma fille , ne pourriez-vous pas devenir père ? quel état donneriez-vous à votre enfant ? Kilomètre l'éduquera z'a sa prosfession , lui apprendra ce qu'il sait ; peut-être même , comme tant d'autres , ce qu'il ne sait pas ; mais , vous , quelle éducation lui donnerez-vous ?

CHARLES.

Air : *de la Fille en Loterie.*

Racine mettrait sous les yeux ,
Les beautés de la péosie :
Rousseau , par ses écrits nerveux ,
Electriserait son génie.
Dans *Fénélon* , il trouverait
Une morale douce et pure ;
Avec *Lafontaine* , il serait
A l'école de la nature.

LABLACHE.

Qu'est-ce que c'est que ces gens-là ?... sont-ils de l'Athénée ? duquel ?

CHARLES.

De celui de l'Univers !

LABLACHE.

Je ne connais pas celui-là. Au surplus , j'ai donné ma parole.

CHARLES.

Puisque mes efforts sont inutiles , pour la seconde fois ; je vous quitte. M. Lablache , Agathe ne sera pas madame Kilomètre , j'ose vous l'assurer. (*à part.*) Portons les derniers coups.

SCENE XII.

LABLACHE, *seul.*

Ce jeune homme est extraordinairement plaisant ! que signifient ces dernières paroles ?... Mais vous verrez bientôt que je ne suis qu'un *Intrus !...* Agathe n'est pas ma fille !... il ne me sera pas permis de la marier à mon gré !... en vérité, cela ne se conçoit pas !

SCENE XIII.

LABLACHE, AGATHE.

LABLACHE.

Vous avez un peu trop tardé , mademoiselle, il est parti.

AGATHE.

Ah ! tant mieux !

LABLACHE.

Qu'entends-je !... vous trouverais-je enfin digne de moi ? voudrez-vous condescendre à mes vœux ?

AGATHE.

Ah ! mon père , si vous renoncez à l'allience de Kilomètre , vous trouverez en moi une fille bien soumise. L'auriez-vous éconduit ?

LABLACHE.

Il s'agit bien de cela , morbleu ! c'est votre langoureux amant que j'ai chassé. (*on entend un air de vielle.*) Ah ! mon dieu ! en croirai-je mes yeux ? ces sons ne me sont pas inconnus ! serait-ce Fanchon ?

SCENE XIV.

LES PRÉCÉDENS, KILOMÈTRE, *en Fanchon*.

KILOMETRE.

Escouta Jeannette, etc. (*à Lablache.*) Homme respectable !

LABLACHE.

Trop honnête !

KILOMETRE.

Pourriez-vous m'indiquer le père Lablache ?

LABLACHE.

Ecce homo , voilà l'individu.

KILOMETRE.

Ah ! mon oncle, c'est donc vous que je revois !

AGATHE.

C'est ma cousine !

LABLACHE.

Fanchon !

KILOMETRE.

Elle-même : vous ne la connaissez pas ?

LABLACHE.

Ah ! grands dieux ! qu'elle est changée ! c'est uné plaisanterie ! vous ne lui ressemblez pas du tout. Il y a vingt ans que je ne l'ai vue ; mais vos traits...

KILOMETRE.

Air : *D'une Folie.*

Eh ! quoi ! d'un soupçon odieux,
Je suis l'objet dans ma patrie !
Ah ! mon cher oncle , ouvrez les yeux,
C'est votre nièce qui vous crie ;
Ouvrez , ouvrez-moi donc les bras ;
Je ne me sou... je ne me tiens...
Je ne me sou sou soutiens pas.   *bis.*
    Pas, pas, pas, pas.   *bis.*

LABLACHE.

Ah ! qu'elle est niaise !

AGATHE, *à part.*

Ce n'est pas là ma cousine !... serait-ce une ruse de Charles ?

LABLACHE.

Mademoiselle avec votre permission ; *nego consequentiam.* Je n'ai pas celui de vous remettre.

KILOMETRE, *à part.*

Diable ! ce n'est pas là mon compte !

LABLACHE.

Air : *J'ai vu par tout*, *etc.*

Fanchon était vive et gentille,
Quand elle quitta ce pays ;
Fanchon, l'espoir de sa famille,
A fait sa fortune à Paris.   bis.
En vain, pour marcher sur ses traces,
Plus d'une abusa de son nom ;
Car, pour l'esprit et pour les grâces, } bis.
Il n'est qu'une seule Fanchon.

KILOMETRE.

Je conviens que depuis que je vous ai vu, je suis un peu changée.

LABLACHE, *à part.*

A son langage, j'avais reconnu le terrein ; je la croyais plus formée.

KILOMETRE.

Mais, puisque mon oncle l'exige, je vais lui prouver que je suis sa nièce, en lui parlant de choses que lui et moi devons seuls connaître. D'abord, ce que j'ai fait pour lui, ensuite, les 30,000 francs que je lui ai envoyés pour la dot d'Agathe, et le droit que je me suis réservé de lui choisir un époux, droit que je viens réclamer aujourd'hui.

LABLACHE.

Il n'y a pas de doute que...

KILOMETRE.

Une lettre que vous avez reçue ce matin, par laquelle je vous apprends ma prochaine arrivée...

LABLACHE.

Il est certain que...

KILOMETRE.

Une autre, adressée à un nommé Charles.

AGATHE.

Ah ! mon père, voilà bien ma cousine ; car il est vrai que Charles a reçu une lettre de Fanchon.

KILOMETRE, *à part.*

Bon ! elle donne dans le panneau !

LABLACHE.

Je suis bien persuadé que... Le diable m'emporte si je reconnais un de ses traits !

AGATHE, *à part.*

Maintenant, j'en suis certaine, c'est un tour que Charles fait jouer à mon père !

KILOMETRE.

Mais, cessons tous ces débats, et que dès ce soir, un bon contrat de mariage assure le bonheur d'Agathe, en l'unissant à la crême des jeunes gens de ce pays. (*à part.*) Dépêchons, Fanchon peut arriver.

AGATHE, *à part.*

C'est de Charles dont parle ma cousine ; pas de doute.

KILOMETRE.

J'ai trop connu le danger de rester long-tems fille !

LABLACHE, *à part.*

Elle est naïve ! elle n'a rien de caché pour ses amis. (*haut.*) On a bien raison de le dire : *vide*, *crede* ; voyez, entendez. Je ne vous aurais jamais reconnue. Mais, allons, venez prendre un peu de repos. Vous devez en avoir besoin. Vous avez tant voyagé depuis quelque tems !... Donnez-moi le bras ; vous êtes si faible !

KILOMETRE, *à part.*

Bon ! (*ils entrent.*)

AGATHE, *seule.*

Quel espoir !

RONDEAU.

Air : *Enfans chéri des dames.*

Amour, fais que mon père,
Au gré de mes souhaits,
Quand Charles à su me plaire,
Nous unisse à jamais !

Kilomètre, en vain, sur mon ame,
Voudrait régner en souverain :
De Charles seul je veux être la femme ;
Lui seul est digne de ma main !

Oui, près de l'objet de ma flamme,
Je passerais gaiement mes jours.
   Les soucis, les orages,
   Et les sombres nuages,
Ne viendront point en altérer le cours.

   Amour, etc.

   Hélas ! je forme encore
   Un desir indiscret !
   Chaque jour je t'implore,
   Et tu reste muet.
   Exauce ma prière,
   Ou je meurs à tes yeux :
   Le maître de la terre,
   Peut faire des heureux.   *bis.*
     Oui ! oui !
Oui, si tu veux que nous soyons heureux.

   Amour, etc.

Vienne maintenant M. Kilomètre quand il voudra ! (*elle rentre.*)

SCENE XV.
CHARLES, *en Fanchon.*

Il est impossible que le père Lablache me reconnaisse sous ce costume. Poursuivons donc mon projet, et passons à ses yeux pour sa nièce. Un de mes amis, qui l'a connue rue de Thionville, m'a mis au fait de la conversation. Fanchon ne pourra me savoir mauvais gré d'avoir pris ses habits, pour empêcher son oncle de faire le malheur d'Agathe... Empêchons donc le père Lablache de rien conclure que sa nièce ne soit arrivée. Commençons notre rôle.

   Air : *Gai, Coco !*

   Salut, ô ma patrie !   *bis.*
   Salut, terre chérie,
   Je vous revois enfin !
   Dans mon cœur, la tristesse
   Fait place à l'allégresse ;
   Et je chante sans cesse,
   Ce refrain, ce refrain ;
   Vive la richesse,
   Quand on est humain !...   *ter.*

SCENE XVI.

CHARLES, LABLACHE, *dansant sur le refrain.*

LABLACHE.

Encore une vielleuse !... Que demandez-vous, la belle?

CHARLES.

La permission d'embrasser le plus aimable, comme le plus chéri des oncles !

LABLACHE.

Vous vous nommez ?

CHARLES.

Votre cœur ne vous le dit pas ?

Air : *Ton humeur est Catherine.*

A cet air charmant et leste ,
Vous ne reconnaissez pas
Cette vielleuse céleste,
Qui causa tant de fracas ?
J'ai , par plus d'une aventure ,
Su m'enrichir promptement ;
Je le dois à ma figure ,
Beaucoup plus qu'à mon talent.

En un mot , je suis votre nièce Fanchon.

LABLACHE, *à part.*

Deux Fanchons ! l'une des deux me trompe ! dissimulons. (*haut.*) Je veux bien croire que vous êtes ma nièce ; mais cependant, elle m'avait paru dans ses lettres , comme dans le rapport qu'on m'en a fait , plus modeste : *itaque*, c'est pourquoi...

CHARLES.

Faut-il donc ignorer qu'on est jolie ?

LABLACHE.

Quel langage !...Où demeuriez-vous à Paris ?

CHARLES.

Rue de Thionville.

LABLACHE.

En effet , Fanchon y a demeuré.

CHARLES.

C'est là que faisant parade de mes avantages , j'ai su prouver qu'il ne fallait qu'une jolie figure à Paris pour faire une fortune immense !

LABLACHE.

Beaux principes ! vous devriez au moins être plus discrète.

Air : *de Raimonde.*

Si la beauté nous enflamme ,
Quand on y joint des vertus :
La pudeur chez une femme ,
Est une grace de plus.
Veut-on fixer le caprice ?
Résister est le moyen ;
Sait-on gré d'un sacrifice ,
A qui ne refuse rien ?   } *bis.*

Votre morale n'est pas belle !

CHARLES.

Chacun à la sienne. Au surplus, occupons-nous du motif de mon voyage ; car, une fois mes affaires terminées , je retourne à Paris , jouir des plaisirs que m'y donnent mon nom et ma fortune. Les 30,000 francs...

LABLACHE.

Oui , je crois que les 30,000 francs ne sont point étrangers à votre voyage ; mais j'ai trop long-tems dissimulé... Agathe ? Fanchon !

CHARLES, *à part.*

Grands dieux !

SCENE XVII.

LES PRÉCÉDENS, AGATHE, KILOMETRE.

LABLACHE.

Arrivez, mademoiselle , et veuillez vous expliquez avec cette autre, qui prétend aussi être ma nièce.

KILOMETRE, *à part.*

Allons, c'est fini, tout va se découvrir.

AGATHE.

Je n'y conçois plus rien ! quoi ! mademoiselle se dit aussi ma cousine ! mademoiselle me permettra...

CHARLES, *allant l'embrasser.*

De vous embrasser. (*bas.*) Je suis Charles.

AGATHE, *à part.*

Charles ! (*haut.*) En effet, mademoiselle a plus d'un rapport avec ce que l'on nous a dit de notre bienfaitrice.

LABLACHE.

Un moment, mademoiselle ; qui va *piano*, va *sano !* attendez les preuves.

Air : *du Bastringue.*

Mesdemoiselles, expliquons-nous,
Malgré toute ma finesse,
Mesdemoiselles, expliquons-nous ;
Comment choisir entre vous ?

KILOMÈTRE.

Moi, seule, je suis votre nièce.

CHARLES.

Moi, la fille de votre sœur ;
Et je mets tout mon bonheur,
Dans un titre si flatteur.

LABLACHE.

Mesdemoiselles, expliquons-nous, etc.

Je n'ai qu'une nièce... D'ailleurs, il ne m'appartient pas de décider entre Rome et Neuf-Châtel. (*On entend dans le lointain l'air : Aux montagnes de la Savoie.*)

SCENE XVIII ET DERNIÈRE.

LES PRÉCÉDENS, FANCHON.

LABLACHE.

Un moment, mesdemoiselles, un moment ! j'entends là-haut une voix qui va peut-être nous mettre d'accord.

FANCHON, *sur la montagne.*

Air : *Aux montagnes de la Savoie.*

Aux montagnes de la Savoie,
Je laissai de pauvres parens !
Mais rien n'égalera ma joie,
Si je les rends heureux, contens !
Fanchon revient exprès de France,
Pour leur offrir, et le bonheur et l'opulence.

FOULE DE SAVOYARDES ET SAVOYARDS, *criant.*

Père Lablache ? père Lablache ! voici votre nièce ; voilà Fanchon !

LABLACHE, *allant au-devant.*

Oui, parbleu, c'est-elle; voilà bien les traits de ma petite Fanchon.

AGATHE, *l'embrassant.*

Oh ! ma cousine ! notre bienfaitrice.

FANCHON.

Mes bons, mes chers parens !

KILOMETRE, *à part.*

Eh bien, je suis propre !

CHARLES, *à part.*

Comment prendra-t-elle mon étourderie ?

LABLACHE.

Ma nièce, ma bonne Fanchon ! que je te dois d'obligations !

AGATHE.

Et moi donc !

FANCHON.

Moins que vous ne croyez !

Air :

> On ne rencontre plus d'amis,
> Pour un rien ils vous calomnient ;
> Et ceux qu'on a le mieux servis,
> A l'intérêt vous sacrifient.
> Vous m'aimerez, je vous devrai
> Une félicité parfaite :
> Vous obligeant, je ne ferai
> Qu'acquitter faiblement ma dette.   } *bis.*

LABLACHE.

Ah ! ma pauvre nièce ! que de contes on nous a faits ; que d'inquiétudes nous avons eues !... Tu as donc demeuré rue de Thionville ?

FANCHON.

Jamais !

LABLACHE.

Tu demeurais donc aux boulevards ?

FANCHON.

Je n'y ai pas mis les pieds depuis dix ans. Je demeure toujours rue de Malthe ; j'y suis trop bien logée pour déménager ; mais je devine les motifs de toutes vos questions. Tous les quartiers ont eu leur Fanchon.

Les trois Fanchons.   D

Air : *Lorsque vous verrez un amant.*

J'avais réussi dans Paris,
Avec mes chansons et ma vielle;
Soudain, sous mon nom , mes habits,
On vit courir plus d'une belle.
A la véritable Fanchon,
On leur a fait rendre les armes !

AGATHE.

Elles n'avaient que votre nom ;
Que ne leur prêtiez-vous vos charmes !

LABLACHE.

C'est donc comme ici , nous avons-là deux jeunes filles très-intéressantes , qui disent aussi se nommer Fanchon, qui se disent mes nièces ; mais *nego !*

FANCHON.

Vos nièces !

KILOMETRE.

Allons , je le vois, il n'y a qu'un aveu sincère qui puisse me tirer de là... Fanchon, reconnaissez Benjamin-Nicole Kilomètre , votre cousin.

TOUS.

Kilomètre !

KILOMETRE.

Lui-même. Epris infailliblement des charmes d'Agathe , j'ai su que Fanchon protégait un certain Charles. J'ai voulu faire signer au père Lablache le contrat avant votre arrivée , c'est pour cela que j'ai pris vos habits.

LABLACHE.

Et moi, qui n'ai pas reconnu le drôle ! il est vrai que sous cet habit c'était difficile.

FANCHON.

A propos de Charles , où donc est-il ?

CHARLES, *à part.*

Voilà le moment critique !

AGATHE.

Charles est bien embarrassé, ma cousine ! il est dans une position à-peu-près semblable à celle de Kilomètre.

FANCHON, *fixant Charles.*

Quoi ! mademoiselle serait monsieur...

(27)

CHARLES.

Hélas ! oui.

KILOMETRE.

C'est Charles ! Il est joli !... à deux de jeu !

LABLACHE.

Eh bien, messieurs, ne vous gênez pas !

CHARLES.

Aimable Fanchon ! ne me condamnez pas sans m'entendre. Craignant que Kilomètre ne réussit à m'enlever Agathe avant votre arrivée ; pour mieux séduire son père, j'ai pris vos habits.

LABLACHE.

Il fallait donc prendre aussi son langage... Messieurs, je ne vous pardonnerai jamais ce trait.

FANCHON.

Allons, je suis la plus offensée, et je veux m'en venger en obtenant votre consentement pour l'union de Charles et d'Agathe.

LABLACHE.

Les trois mois n'expirent que demain, ainsi tu as le droit...

FANCHON.

Non pas. C'est de vous seul que je veux qu'il tienne son bonheur.

LABLACHE.

Je n'ai rien à te refuser. *Fiat voluntas tuas.*

KILOMETRE.

Là ! aimez donc une femme !

CHARLES.

Père Lablache, croyez...

LABLACHE.

C'est bon, c'est bon.

AGATHE.

Ma cousine, ma reconnaissance...

FANCHON.

Nous en parlerons une autre fois. Je veux que tout le monde se ressente ici de ma présence ; mes gens vont arriver. Mes amis, je vous retiens tous à dîner pour après-demain.

Quant à vous, Kilomètre, vous ne perdrez rien pour atten-
dre.

LABLACHE.

Allons, morbleu ! chantons, dansons, pour fêter le re-
tour de Fanchon dans nos montagnes.

VAUDEVILLE.

Air :

KILOMETRE.

On lit, dans maintes gazettes,
Des miracles chaque jour ;
Gens avalant des fourchettes,
Gens qui logent dans un four ;
Pierres tombant de la lune :
Que de badauds ; mais, hélas !
L'espèce en est trop commune,
Cela ne finira pas.   *bis.*

LABLACHE.

Sur les bords de la Tamise,
L'on conspire contre nous,
De notre noble franchise,
Puisque l'Anglais est jaloux :
Allons jetter l'épouvante,
Jusqu'au sein de ses états ;
Car, ma foi, sans la descente,
Cela ne finira pas.   *bis.*

CHARLES.

Maintenant, on met en scène,
Des beautes de tous les rangs :
La réussite est certaine,
Car les Français sont galans !
Nos auteurs jaloux d'éloges,
Sont à l'affût des appas ;
S'ils regardent dans les loges,
Cela ne finira pas.   *bis.*

AGATHE.

Tel courut à la fortune,
Qui ne l'atrapât jamais ;
Fuyant la route commune,
D'autres ont un plein succès ;
Mais, qu'un directeur habile,
Tienne *Belmont* dans ses lacs,
Chez lui. comme au Vaudeville,
Cela ne finira pas.   *bis.*

FANCHON, *au public.*

Ne jugez pas cet ouvrage,
Messieurs, trop legèrement ;
Car, ce n'est qu'un badinage,
Fait et su dans un momens ;
S'il a pu vous faire rire,
Applaudissez dans ce cas,
Si long-tems, qu'on puisse dire :
Cela ne finira pas.

F I N.